La vulgaridad
en la literatura

Aldous Huxley

www.archivosvola.es
removiendo el acervo

Aldous Huxley
Vulgarity in Literature
Chatto, Londres, 1930

ISBN: 978-84-128026-7-2

ALDOUS HUXLEY
(1894-1963)

LA VULGARIDAD EN LA LITERATURA
Digresiones en torno a un tema

¡Qué difícil, cuando con palabras se pretende valorar alguna cosa, qué difícil es saber lo que se quiere decir!

Mas entonces, siendo tan difícil, ¿por qué tratar de saberlo? ¿No sería más cuerdo seguir el ejemplo de aquella conferencia de Ginebra que se reunió, no hace mucho, para examinar los medios de suprimir el tráfico de publicaciones obscenas? Cuando el delegado griego (demasiado socrático para la ocasión), sugirió la conveniencia de establecer una definición preliminar de la palabra "obsceno", Sir Archibald Bodkin se levantó rápido para protestar: "No existe ninguna definición del vocablo 'indecente' u 'obsceno' en la ley inglesa." Como quiera que la ley de los demás países no era, por lo visto, más explícita, se decidió por unanimidad que no era posible dar definición alguna. Tras lo cual, habiendo afirmado victoriosamente que no conocían lo que estaban discutiendo, los miembros del Congreso emprendieron el debate.

No he de tratar aquí de lo obsceno, sino de lo vulgar. Cuando digo de algo o alguien que es "vulgar", ¿qué es lo que exactamente (según preguntaría Mr T.S. Eliot con su afán de precisión) quiero decir? Voy a entrar de rondón por el terreno que Sir Archibald y sus colegas en su prudencia temieron pisar y tratar de descubrir ese verdadero significado.

Para empezar, hallo que hay muchas ocasiones en que, estrictamente hablando, no quiero decir nada, sino que empleo el vocablo "vulgar" meramente para expresar aversión; como término injurioso, un denuesto menos descortés, pongamos por ejemplo, que nuestro adjetivo inglés "*bloody*", que en tal sentido tampoco significa nada. En tales ocasiones la palabra "vulgar" no es más que un ruido vagamente peyorativo. Con mayor frecuencia, sin embargo, veo que *sí quiero* decir algo cuando empleo esa palabra, y no solamente denostar.

En ciertas ocasiones, por ejemplo, empleo el vocablo en su sentido estrictamente etimológico. Cuando digo de un hombre que tiene un acento vulgar o modales vulgares en la mesa, quiero decir que su acento y sus modales me recuerdan aquellos que son corrientes en las capas inferiores de la sociedad –de esta sociedad determinada en la cual vivo yo–. Porque lo que es vulgar aquí, no es necesariamente vulgar allá. *Eructavit cor meun*. Allende Constantinopla, dicen que se considera una cortesía. Aquí, aunque se le dé título de caballero, disfrazándolo con el nombre de Sir Toby Belch, no puede haber frecuentado las altas esferas. O, quién sabe, tal vez sí; pensándolo bien, es posible que así sea. Porque las normas de vulgaridad cambian a medida que se asciende verticalmente a través de las capas de una misma sociedad, del mismo modo que cambian ante los ojos de un espectador moviéndose horizontalmente de una sociedad a otra. Lo que es vulgar en el elevado escalón A puede haber dejado de serlo en el escalón más superior B. Hay refinamientos más allá de los refinamientos, casi *ad infinitum*. Como el *Paraíso*, el "Gran Mundo" mismo tiene sus capas superior e inferior. Proust es el Dante de estas altas esferas mundanas; pero mientras la guía del Dante ha tardado varios siglos en perder su actualidad, en hacerse anacrónica, la de Proust está ya, en sus detalles de hecho (aunque no, desde luego, en su espíritu), tan irremediablemente desfasada como un *Baedeker* de antes de la guerra. Los cielos sociales cambian de continuo.

Mas estas relatividades son demasiado obvias para ser muy interesantes. Lo Absoluto nos invita a quimérica persecución; y aun cuando no podemos esperar alcanzarlo jamás, la caza puede ser entretenida en sí misma. ¿Quién sabe?, hasta existe la posibilidad de que de paso cojamos

9

un par de liebres; menguada caza y menos noble que aquella en pos de la cual nos hemos lanzado, pero que tiene por lo menos el mérito de existir concretamente, de ser visible y real.

Hasta ahora hemos examinado dos casos: aquel en el cual el vocablo "vulgar" significa: "Esto no me gusta", y otro en el que quiere decir: "Esto me recuerda lo que constituye, para mi, las clases inferiores". En el caso que vamos a considerar ahora, "vulgar" implica algo menos fácil de definir. Por ejemplo, puedo afirmar lo siguiente: "Este hombre es vulgar. El hecho de que pertenezca a una buena familia y haya sido educado en excelentes escuelas no hace al caso. Es vulgar intrínsecamente". ¿Qué es lo que *con precisión* quiero decir aquí?

La etimología es útil hasta en este caso. El hombre vulgar de buena familia no pertenece, desde luego, a las clases inferiores de nuestra sociedad actual. Pero existe una sociedad ideal, en la cual nos da la sensación de pertenecer, él y sus semejantes, a una casta de las más escuálidas.

No hay valores –salvo quizá los valores biológicos más rudimentarios–, que sean aceptados por todos los seres humanos. Tan sólo es universal la tendencia a valorar. Dicho sea de otro modo, se nos da la maquinaria para crear valores, pero éstos tienen que ser elaborados. El proceso no ha sido racionalizado todavía; la elaboración de valores no pasa aún de ser una industria de aldea. Entre las clases cultas del Occidente, sin embargo, los valores están ya casi estandardizados, lo bastante para que podamos hablar de la sociedad ideal como si fuera algo absoluto.

Los extremos en la vulgaridad son tan raros como los extremos en la bondad, en la maldad o en el genio; mas ocurre de vez en cuando que nos encontramos con un anticaballero por naturaleza, que es manifiestamente uno de los parias de nuestra sociedad ideal. Tales personas son, por esencia, lo que aquellos desdichados indios que barren el suelo y vacían las aguas sucias son por accidente: "intocables". En la India, cuando uno se marcha del hotel y quiere dar una propina al barrendero, no se debe extender la mano con la moneda para que la tome. Su reacción inmediata ante semejante gesto sería la de apartase azorado; pues si nuestros dedos llegasen a tocar la palma de su mano quedaríamos mancillados. Con mucha consideración nos ahorra la molestia de tener que tomar un baño, hacernos fumigar y cambiar nuestra ropa interior. Para dar una propina a los barrenderos existe una técnica propia y especial: debe uno detenerse a unos metros de distancia de aquel a quien se propone darla y lanzar la dádiva en tierra a sus pies. Las transacciones comerciales durante las epidemias de peste negra, debieron de llevarse a cabo en forma muy parecida.

11

El entrenamiento ha enseñado al indio, "intocable" por accidente, a darse cuenta de su propia bajeza mancilladora y a actuar en consecuencia. ¡Ojalá hubiera hecho lo mismo la naturaleza con los parias por esencia de nuestra sociedad ideal! Mas por desdicha no ocurre así. Se encuentra usted cenando al lado de X, el político eminente; Z, el periodista, con quien tropieza por casualidad, le invita a usted a tomar algo en su taberna favorita. Muy lejos de actuar como los barrenderos de la India, esos parias intrínsecos no se conforman a su papel de "intocables". Tan distantes se hallan de conocer el lugar que les corresponde, que llegan hasta imaginar que le hacen a usted un honor con sentarse a su mesa, y una cortesía con invitarle, antes del almuerzo y en algún bar hediondo, a beber un doble whisky o una copa de oporto pegajoso. En modo alguno se les ocurriría aquel gesto de apartamiento; todo lo contrario, se lanzan hacia usted y le imponen su presencia. De hecho existe cierta chillona presunción (lo cual nos impide sentir mucha simpatía o lástima por el paria intrínseco ante el defecto que le aflige), cierto entrometimiento y vanidad presuntuosa que constituyen –según tendré muchas ocasiones de mostrar en el curso de estas digresiones–, uno de los elementos esenciales de la vulgaridad. La vulgaridad es una bajeza que se proclama a sí misma; y esa autoproclamación es también, intrínsecamente, una bajeza. En efecto: la presunción, en cualquier terreno que sea salvo cuando este justificada por la capacidad natural y proezas demostrables es baja en sí y de por sí. Subraya, por añadidura, todos los demás defectos; y así como una sustancia química adecuada revela las palabras escritas con tinta invisible, la presunción hace surgir a la superficie las bajezas latentes en un carácter, de suerte que se manifiestan en forma de vulgaridades declaradas.

Existe una vulgaridad en la estera moral, una vulgaridad de las emociones y del intelecto, hasta una vulgaridad del espíritu. Un hombre puede ser un malvado, o estúpido, o apasionado sin ser vulgar. Puede también ser vulgarmente bueno, vulgarmente inteligente, vulgarmente capaz o incapaz de emociones, vulgarmente espiritual. Más aún, puede pertenecer a la clase más elevada en una esfera de actividad, y, sin embargo, ser inferior en otra. He conocido a hombres del mayor refinamiento intelectual, cuya vida emotiva, sentimental, era repugnantemente vulgar. Cada uno de nosotros es como la población de una ciudad construida en la vertiente de una colina: existimos simultáneamente en muchos niveles diferentes.

Sirvan estas breves notas sobre la vulgaridad personal a modo de introducción a lo que me propongo decir acerca de la vulgaridad en la literatura. Las letras, la vida: los dos mundos son paralelos. Lo que es verdad en uno es también

13

verdad, con alguna diferencia, en el otro. Para ser más completo hubiera debido, naturalmente, ilustrar mis generalizaciones en torno a la vulgaridad en la vida con ejemplos concretos. Mas esto implicaría una excursión en los dominios de la ficción, o de la biografía histórica, o de la difamación contemporánea. Hubiese tenido que crear una serie de personajes dotados de vida artística, con las circunstancias de su vida. Carecía para hacerlo, como de costumbre, de mundo y de tiempo. Por otra parte, ocurre que en diversas obras de ficción he puesto, con toda clase de detalles, ejemplos de vulgaridad intelectual y sentimental, tales como nos los revela la vida; ¡acaso también, y sin proponérselo, como nos los revela la literatura! No voy a empezar nuevamente aquí.

En estas páginas, los ejemplos de vulgaridad típica que nos suministra la literatura servirán, retrospectivamente y por analogía, para ilustrar mis generalizaciones acerca de la vulgaridad en la vida.

II

Hay que distinguir entre la vulgaridad en la literatura y la vulgaridad inherente a la profesión de las letras. Todo hombre nace con su porción de Pecado Original, a la cual

14

todo escritor añade su pizca de Vulgaridad Original. Necesaria e inevitablemente. Porque el exhibicionismo es siempre vulgar, hasta cuando lo que se exhibe es la más exquisitamente refinada de las almas.

Algunos escritores sienten más que otros, y, con más remilgos, la conciencia de la vulgaridad esencial de su profesión; hasta el punto de que, como a Flaubert, les ha sido penoso cometer este delito inicial contra la buena educación: llevar la pluma a las cuartillas.

Es posible, desde luego, que los más grandes escritores no hayan escrito nunca; que el mundo esté lleno de hombres como monsieur Teste y de Miltons mudos y sin gloria, demasiado delicados para presentarse ante el público. Me gustaría creerlo; pero me cuesta trabajo. Nuestro gran escritor es poseso de un demonio sobre el cual ejerce muy escaso control. Si el demonio quiere salir (y en la práctica los demonios quieren siempre salir), saldrá, por muy fuertes que fueren las protestas de la conciencia aristocrática con la cual cohabita a disgusto. Acaso sea cierto que la profesión literaria esté "fatalmente viciada por una absurdidad secreta"; al demonio le importa poco. *Scribo quia absurdum.*

III

El estar pálida, no tener apetito, desmayarse con el menor motivo, eran, no hace aún tanto tiempo, los signos de la buena educación en las jóvenes. Dicho sea de otro modo, cuando una muchacha estaba marcada con el estigma de la anemia y del constipado crónico, se conocía que era "una señora". Las virtudes siguen por lo general una moda (con mayor o menor elegancia, según la habilidad del *couturier* moral), basada en necesidades. Las muchachas ricas no tenían necesidad de trabajar; la tradición aristocrática las alejaba del trabajo voluntario; y la tradición cristiana las disuadía de comprometer su virginal modestia en cualquier ejercicio que pudiera parecer en modo alguno violento. Las buenas carreteras para sus coches, y finalmente el ferrocarril, les ahorraban las sanas fatigas de la equitación. No se habían descubierto todavía las virtudes del Aire Libre, y la Corriente de Aire seguía siendo la más común y a la vez la más peligrosa manifestación del Principio Diabólico. Más perversos que sus colegas chinos, que sólo comprimen los pies de sus víctimas, los podadores de la moda europea habían decretado que la mujer elegante llevase todas sus vísceras oprimidas y fuera de su sitio natural por medio de un apretado corsé. En una palabra, la muchacha rica hacía una vida científicamente calculada para destruir su salud. Se hizo una virtud de lo que era una necesidad humillante, y la pálida, etérea joven de fáciles desmayos, de la literatura romántica, continuó siendo durante años el tipo y modelo de feminidad joven y refinada.

Algo parecido ocurre de cuando en cuando en el dominio de la literatura. Llegan momentos en que demostrar un vigor demasiado visible, un interés demasiado franco por las cosas comunes, equivale a dar signos de vulgaridad literaria. Para ser verdaderas señoras, las Musas, al igual que sus hermanas mortales, han de estar anémicas y estreñidas. Las circunstancias imponen a los escritores más sensibles de ciertas épocas un desgaste artístico, una consunción literaria. Esta penosa fatalidad se transforma inmediatamente en una virtud que todos tienen el deber de cultivar.

Vivre? Nos valets le feront pour nous. ¡Qué vulgaridad, en efecto! La vulgaridad de tener que andar y hablar; que abrir y cerrar ojos; que pensar y beber, y cada día, sí, cada día, comer, comer y excretar. Y luego, el tener que acosar a la hembra de la especie o al varón, según el caso; el tener que idear, planear, calcular, copular, propagar... ¡No, no, todo eso es demasiado grosero, demasiado estúpido y bajo! Tales cosas, como dice Villiers de l'Isle-Adam, están muy bien para los lacayos. Pero para un descendiente de tantas y tantas generaciones de Templarios, de Caballeros de Rodas y de Malta, Caballeros de la Orden de la Jarretera y del Espíritu Santo y de todas las Águilas de diversos colores no, verdaderamente, ni hablar de ello siquiera; era sencillamente inconcebible. *Vivre? Nos valets le feront pour nous.*

En el mismo punto, aunque en otro plano de la gran espiral de la historia, el príncipe Gotama había descubierto también, más de dos mil años antes, la vulgaridad de vivir. La vista de un cadáver pudriéndose al borde del camino le había hecho meditar. Era la primera vez que se encontraba con la muerte. Ahora bien: un pobre cadáver es un "intocable", y el proceso de descomposición es, de todos los ejemplos de malos modales, el más vulgar que imaginarse pueda. Porque un cadáver es, por definición, una persona que carece en absoluto de *savoir-vivre*. Hasta el barrendero de marras tiene más que él. Pero en el más grande de los reyes, en la más hermosa de las princesas, en el más refinado de los poetas, en el *dandy* más esmeradamente vestido, en el más santo y espiritual de los maestros se halla en acecho, esperando el momento de surgir, un paria entre los parias, un basurero, un perro, vil entre los más viles, insondablemente vulgar.

Entre abrirse camino y disfrutar de sus conquistas, a los héroes no les queda tiempo para pensar. Pero los hijos de los héroes, esos sí que disponen de todo el ocio necesario. El que más tarde había de ser Buda, pertenecía a una generación con ocios.'

Vio el cadáver, olió su hedor vulgar, meditó. Los ecos de sus meditaciones resuenan todavía, enriquecidos con un tesoro acumulado de armonías, como vibran los últimos acordes de un órgano bajo las bóvedas de una catedral.

La historia de la economía, en grado no inferior a la historia de la guerra o del arte de gobernar, tiene sus edades heroicas. Económicamente, el siglo XIX ha sido el equivalente de aquellos bizarros tiempos cuyo reflejo hallamos en Beowulf y en la *Ilíada*. Sus héroes luchaban, conquistaban o eran conquistados, y no tenían tiempo para pensar. Sus bardos, los Románticos, cantaban con éxtasis, no las hazañas de los héroes, sino cosas más elevadas (pues eran Homeros que detestaban a los Aquiles); cantaban con toda la vehemencia que uno de esos héroes contemporáneos hubiera puesto en estrujar a los pobres. Fue tan sólo en la segunda y tercera generación cuando los hombres comenzaron a disponer de ocio y a tener el desinterés suficiente para estimar que el conjunto –el heroísmo económico y el bardismo romántico– era bastante vulgar. Villiers, lo mismo que Gotama, era un hombre que tenía tiempo. El que fuera descendiente de todos aquellos Templarios y Caballeros de esto y de aquello no era, o apenas, pertinen-

19

te al caso. El hecho significativo era lo siguiente: que fuese, o al menos cronológicamente pudiera ser, hijo y nieto de héroes de la edad económica y de bardos románticos; o sea, un hombre de la decadencia.

Los hijos sienten siempre un deseo rebelde de verse desilusionados por aquello que encantó a sus padres; y, que existiera o no en él ese deseo, era difícil para un hombre sensible ver y oler el cadáver, ya en putrefacción, de la civilización industrial, y no sentir ante ello la repulsión que conduce a meditaciones angustiosas. Villiers sintió debidamente la repulsión y la expresó en términos de aristocrático desdén, casi bramínico en su intensidad. Mas su terminología feudal fue apenas otra cosa que un accidente. Sin poseer por su herencia ninguna de las ventajas –quizá legendarias– de crianza de Villiers, otros escritores sensibles de la misma generación postheroica experimentaron una repulsión no menos profunda. El descendiente de los Templarios poseía un vocabulario más llamativo que los demás: eso es todo. Para los artistas más inteligentes y conscientes de las últimas décadas del siglo XIX, una aceptación demasiado franca de las actualidades obvias de la vida, un estilo demasiado robusto, y (para decirlo toscamente), demasiadas "agallas" eran más bien vulgares. *Vivre? Nos valets le feront pour nous.* (De paso, la proporción de suicidios tomó repentinamente incremento a partir del año 1860. En algunos países, es actualmente casi cinco veces la que era hace setenta años.) Zola fue el maestro lacayo de la época. ¡Qué interés tan vulgar en los detalles de la vida real! Y todas esas tripas que expone: ¿es que se preparaba a establecerse como comerciante de callos?

Sobreviven unos pocos viejos noventistas; unos cuantos jóvenes neo-noventistas, que juzgan el arte y todas las demás actividades humanas tomando como criterio lo Divertido y lo Fastidioso, juegan como gatitos con sus flores de cera, sus búhos disecados y sus abalorios de los comienzos de la Era Victoriana. Pero viejos y jóvenes, son insignificantes. Las tripas y la aceptación de los hechos de la vida ya han dejado de ser vulgares. ¿Por qué? ¿Qué ha sucedido? Tres cosas: la reacción acostumbrada de los hijos contra los padres, otra revolución industrial y un redescubrimiento del misterio. Hemos entrado (o quién sabe, tal vez hemos pasado ya) por una segunda edad heroica de la Economía. Sus Homeros, bien es verdad, son casi sin excepción escépticos, irónicos, acusadores. Mas este escepticismo, esta ironía, estas acusaciones, son tan vigorosos y vehementes como aquello mismo de que dudan y que acusan. Babbitt contagia hasta a sus detractores con algo de su vitalidad exuberante. De igual modo poseían los Románticos una energía proporcionada a la de sus enemigos, los héroes económicos que creaban el

21

industrialismo moderno. La vida engendra la vida, hasta en oposición consigo misma.

Vivre? Nos valets le feront pour nous. Pero los físicos y psicólogos han revelado que el universo es, a pesar de todo, un lugar tan fantásticamente extraño, que entregarlo a los lacayos para que lo disfruten sería humanitarismo gratuito. No hay que echar a perder a los criados. Los espíritus más refinados no tienen por qué avergonzarse de sentir un interés vivo y sincero por el misterio, ahora vuelto a descubrir, del mundo actual. Cierto es que este mundo es tan siniestro como fascinante y misterioso. Y, con todas nuestras buenas intenciones, ¡qué revoltijo hemos hecho, y seguimos afanosamente haciendo, con el rincón de de este mundo en que vivimos! El mismo añejo cadáver industrial –hasta cierto punto desinfectado, y galvanizado por un momento en una crispada apariencia de vida y salud– continúa pudriéndose al borde del camino, como se pudría en la época de Villiers. Y en cuanto a la carroña que descubrió Gotama, sigue, naturalmente, siempre a nuestro lado. Como siempre, también, existen excelentes r razones para la desesperación personal; mientras que los motivos de desesperar de la sociedad son hoy bastante más convincentes que en cualquier otro período. El huir y refugiarse como Mallarmé en la poesía pura, el evitar con la delicadeza de un Henry James todos los problemas penosos, parecería justificado. Pero el espíritu de los tiempos, de estos tiempos industrialmente heroicos en los cuales vivimos, es opuesto a estas retiradas, a estos abandonos de la vida a los lacayos. Exige de nosotros que "oprimamos con lengua tenaz contra el paladar ", no sólo las uvas del gozo, sino además todas las frutas del Mar Muerto. Hasta el polvo y las cenizas deben saborearse con fruición. Así vemos como la ficción norteamericana moderna, al igual de la realidad norteamericana modera, que refleja con tanta exactitud, es prolija y vigorosa. Y, sin embargo, "polvo y cenizas, polvo y cenizas ", es el tema fundamental y la moraleja final de casi toda novela norteamericana moderna de alguna distinción. Se pone alegría y vitalidad heroica en la expresión de la desesperanza, que resulta casi rabelesiana.

IV

Era vulgar, a principios del siglo XIX, mentar la palabra "pañuelo" en el teatro trágico francés. Una convención arbitraria había decretado que los personajes de tragedia deben habitar un mundo en el que las narices sólo existen para distinguir a los nobles romanos de los griegos y de los hebreos; jamás para sonarlas. Las convenciones arbitrarias de una u otra clase, son esenciales al arte. Mas así como varía constantemente la clase de convención, también varía al mismo compás la vulgaridad correspondiente. Hemos vuelto a encontrarnos entre relatividades.

En el caso del pañuelo tenemos una aplicación peculiar y más bien absurda de una convención artística muy extensamente aceptada. Se justifica dicha convención por la antigua doctrina metafísica que distingue en el Universo dos principios: el espíritu y la materia, y atribuye al espíritu una superioridad inconmensurable. En nombre de este principio han exigido muchas religiones el sacrificio del cuerpo; sus devotos han respondido con la mortificación de la carne, y, en casos extremos, practicando la autocastración y hasta el suicidio. La literatura tiene, como la religión, sus maniqueos: hombres que, por principio, quisieran desterrar el cuerpo y sus funciones del mundo de su arte, que condenan por vulgar todo relato demasiado preciso y detallado de los hechos físicos, por vulgar también todo intento de relacionar sucesos mentales o espirituales con hechos acaecidos en el cuerpo. Los habitantes de su universo no son seres humanos, sino héroes y heroínas de tragedia que nunca se suenan las narices.

Artísticamente hablando, la supresión de los pañuelos y de todo lo que los pañuelos implican directa o indirectamente, tiene ciertas ventajas. El mundo sin pañuelos del puro intelecto y espíritu es, para un adulto, lo que más se aproxima a aquella matriz freudiana infinitamente confortable que estamos siempre anhelando con nostalgia, cual paraíso perdido. En el mundo mental sin pañuelos, gozamos de libertad para llevar las cosas hasta sus conclusiones lógicas, podemos garantizar el triunfo de la justicia, mandamos sobre el tiempo, y (de acuerdo con las palabras de esas canciones populares llenas de añoranza, que son los himnos nacionales del País de la Matriz freudiana) "realizar nuestros ensueños viviendo bajo un cielo azul, contigo "... La Naturaleza en el mundo mental no es esa colección de objetos fastidiosamente opacos y recalcitrantes, tan aturdidores para el hombre de ciencia, tan malignamente hostiles al hombre de acción; es la sustancia luminosamente racional de una filosofía de la naturaleza hegeliana, una manifestación simbólica de los principios de la dialéctica. Artísticamente hablando, una naturaleza así es mucho más satisfactoria (pues es mucho más fácil de manejar) que el extraño monstruo, algo siniestro y, en fin de cuentas, imposible de comprender, que nos engulle al instante en cuanto nos aventuramos a salir de nuestras torres de marfil. Y el hombre –al lado de quien, según observó Sófocles hace ya mucho tiempo, no hay nada más monstruoso, más maravilloso, más espantosamente extraño (es difícil hallar un solo vocablo para expresar su

25

deinoteron)–, el hombre, a su vez, es un tema muy poco grato para la literatura. Porque esta criatura, todo inconsistencia, puede vivir en demasiados planos de existencia. Es el habitante de una especie de rascacielos psicológico a estilo de los grandes almacenes Woolworth; no se sabe nunca –ni él mismo lo sabe jamás– en qué piso se detendrá mañana, ni siquiera si, dentro de un minuto, no le va a pasar por la cabeza correr al ascensor y lanzarse doce pisos más arriba o veinte más abajo, y adoptar un modo de ser totalmente distinto.

El efecto de la condenación maniquea del cuerpo es el reducir inmediatamente aquel imposible rascacielos en más de una mitad de su altura. Confinado en adelante a los pisos mentales de su ser, el hombre se convierte para el escritor en un tema casi fácil de manejar. En las tragedias clásicas francesas (las obras de arte más completamente maniqueas que se hayan creado jamás) la misma lujuria cesa de ser corpórea y ocupa su lugar entre los demás símbolos abstractos, con los que los autores escriben sus extrañas ecuaciones algebraicas de pasión y conflicto. La belleza de los símbolos algebraicos estriba en su universalidad; no representan un caso particular, sino todos los casos. Como buenos maniqueos, los escritores clásicos se limitaban exclusivamente al estudio del hombre como criatura de pura razón y de pasiones descarnadas. Ahora

26

bien; el cuerpo particulariza y separa, mientras la mente une. Por el mero hecho de imponer limitaciones lograban los clásicos cierta universalidad de expresión imposible a los que tratan de reproducir las particularidades y lo incompleto de la vida corpórea real. Mas lo que ganaban en universalidad lo perdían en vivacidad y verdad inmediata. No se puede obtener algo por nada. Y hay quien opina que la universalidad puede pagarse a precio excesivamente alto.

Para imponer su código ascético, los clásicos tuvieron que idear un sistema de sanciones críticas. Una de las principales fue el estigma de vulgaridad impuesto a todos los que insistieran con demasiada minuciosidad sobre el lado físico de la existencia del hombre. ¡Hablar de pañuelos en una tragedia! El solecismo era tan monstruoso como limpiarse los dientes con un tenedor.

En una cena a la cual asistía en París no hace mucho, tuve por vecino de mesa a un profesor francés de lengua y literatura inglesa, quien me aseguró –en el curso de una conversación por lo demás muy agradable– que yo era uno de los principales escritores de la escuela neo-clásica, y que como tal se me estudiaba y definía en las conferencias que daba a sus alumnos más avanzados de literatura inglesa contemporánea. La noticia produjo en mi ánimo honda depresión. Al saberme clasificado como una pieza de

27

museo y tema de conferencia, me sentí lúgubremente póstumo. Y no paraba allí la cosa. La idea de que yo fuera un neoclásico oprimía mi mente. Un neoclásico, sin saberlo, un neoclásico contra todos mis deseos e intenciones. Porque nunca tuve la menor ambición de ser un clásico de ninguna especie: ni *neo*, ni *paleo*, ni *proto*, ni *eo*. A ningún precio.

En primer lugar, me gusta en arte lo vivaz, lo mezclado y lo incompleto, que prefiero a lo universal y a lo químicamente puro. En segundo lugar, considero la disciplina clásica, con su insistencia sobre la eliminación, la concentración, la simplificación, por todas las dificultades formales que impone al escritor, como, en esencia, una escapatoria, un modo de eludir la mayor dificultad: o sea la de expresar adecuadamente, en términos de literatura, esa cosa infinitamente compleja y misteriosa que es la realidad efectiva. El mundo del espíritu es un cómodo País de la Matriz, un lugar al cual huimos desde la aturdidora extrañeza y la multiplicidad del mundo real. La materia es incomparablemente más sutil e intrincada que el espíritu. O, para expresarlo de modo un poco más filosófico, la conciencia que tenemos inmediatamente de los sucesos, a través de nuestros sentidos, intuiciones y sentimientos, es incomparablemente más sutil que cualquier idea que podamos formarnos posteriormente de esa conciencia inmediata. Nuestras teorías más refinadas, nuestras descripciones más primorosas, no son sino toscas y bárbaras simplificaciones de una realidad que es, en cada una de sus más pequeñas porciones, infinitamente compleja. Es preciso, desde luego, recurrir a simplificaciones; de lo contrario sería completamente imposible tratar de reflejar la realidad en forma artística (y también en forma científica). ¿Cuál es la menor cantidad posible de de simplificación que sea compatible con la comprensibilidad, que sea compatible con la expresión de un significado con sentido humano? Esto es lo que tiene que descubrir el escritor naturalista, no clásico. Su ambición es interpretar, en términos literarios, la calidad de la experiencia inmediata; dicho sea de otro modo, expresar lo finalmente inexpresable. Me parece mucho más difícil acercarse al logro de este imposible que, a fuerza de eliminar y de simplificar, conseguir el perfectamente realizable ideal clásico. El cercenar todos los complejos pormenores de una situación (lo cual significa, según hemos visto, el cercenar todo lo que hay en ella de corpóreo) me parece una mera evasión artística. Y yo no estoy conforme con eludir las dificultades artísticas. Por lo tanto, no estoy conforme con el clasicismo.

La literatura es también filosofía, es también ciencia. Enuncia verdades en términos de belleza. Las verdades-bellezas de las mejores obras clásicas poseen, según hemos

29

visto, cierta universalidad algebraica de significado. Las obras naturalistas contienen las verdades-bellezas, más detalladas, de la observación particular. Esas verdades-bellezas del arte son verdaderamente científicas. Todo lo que han hecho, por ejemplo, los psicólogos modernos, ha sido sistematizar y despojar de toda belleza los vastos tesoros de conocimientos acerca del alma humana, contenidos en las novelas, el teatro, la poesía y los ensayos. Escritores como Blake y Shakespeare, Stendhal y Dostoïevski, tienen aún mucho que enseñar al profesional moderno de la ciencia. Puede recolectarse una rica cosecha científica hasta en las obras de escritores secundarios. Dado por temperamento al estudio de la historia natural, siento la ambición de añadir mi aportación personal a la suma de verdades-bellezas particularizadas sobre el hombre y sus relaciones con el mundo en torno. (De paso anotemos que este mundo de las relaciones, esta región fronteriza entre "lo subjetivo" y "lo objetivo", constituye un terreno para cuya exploración posee la literatura aptitudes especiales y tal vez únicas). No quiero ser un eliminador y generalizador clásico, ni siquiera neoclásico.

Esto quiere decir, entre otras cosas, que no puedo aceptar la excomunión del cuerpo decretada por los clasicistas. Creo no sólo tolerable, sino necesario, que la literatura se entere de la fisiología e indague las relaciones, todavía oscuras, entre la mente y su cuerpo. Verdad es que muchas gentes encuentran los resultados de tales investigaciones, cuando no están ocultos en libros de texto científicos y redactados en la decente oscuridad de una jerigonza grecolatina, extremada e inexcusablemente vulgares; y son aún muchas más las que los encuentran francamente perversos. Yo mismo he sido acusado con frecuencia por críticos literarios en público y por simples lectores en cartas particulares, de ambas cosas a la vez: de vulgaridad y de perversión; por el motivo –en cuanto me ha sido dable descubrirlo– de que daba a conocer el resultado de mis investigaciones acerca de ciertos fenómenos en inglés corriente y en una novela.

El hecho de haber ofendido a mucha gente con lo que escribe, casi impone a un escritor el deber de continuar a ofenderla. Porque aquellos a quienes ofende la verdad no son solamente estúpidos, sino moralmente reprensibles además; y a los estúpidos hay que educarles, a los perversos hay que castigar y reformarles. Se pueden lograr todos estos laudables fines con un curso de ofensas; se inflige a los que odian la verdad un castigo provechoso con las primeras verdades ofensivas, y la repetición de estas confiere gradualmente a los que las leen una inmunidad para el dolor, hasta que acaba reformando y educando a los estúpidos criminales, curándolos de su odio a la verdad. Una

31

verdad familiar deja de ofender. Hacerla familiar es, por lo tanto, un deber. Es también un placer. Pues como dice Baudelaire, *ce qu'il y a d'enivrant dans le mauvais goût, c'est le plaisir aristocratique de déplaire.*

V

El aristocrático placer de desagradar no es el sólo deleite que pueda proporcionar el mal gusto. Cabe que le agrade a uno cierta clase de vulgaridad por sí misma. Transgredir ciertos límites artísticos, o protestar demasiado por el solo gusto de la protesta barroca, son delitos contra el buen gusto que hay cierta deliciosa embriaguez en cometer, no porque desagraden a otros (para la gran mayoría son más bien agradables), sino porque son vulgares intrínsecamente, porque el buen gusto que ofenden es lo que más se puede aproximar a un buen gusto absoluto. Son delitos artísticos que poseen la calidad excitante del pecado contra el Espíritu Santo.

Fue Flaubert, si mal no recuerdo, quien describió cómo le tentaban, mientras escribía, enjambres de relumbrantes imágenes, y cómo, nuevo San Antonio, las aplastaba sin miramientos, como piojos, contra las desnudas paredes de su estudio. Estaba decidido a no adornar su trabajo sino con su propia belleza intrínseca, descartando toda joya externa, por hermosa que fuera. La santidad de este asceta de las letras obtuvo su debida recompensa; no hay nada en todo lo que Flaubert ha escrito que se parezca, ni de lejos, a una vulgaridad. Los que siguen su religión deben pedir en sus oraciones la fuerza de imitar a su santo. Es una fuerza que no se concede a menudo. Para todo hombre de fantasía vivaz y de intelecto activo, es increíblemente difícil resistir las tentaciones que Flaubert alejó. Se presenta una imagen brillante, irisada: capturémosla, prendámosla, aunque sea inadecuado al contexto su excesivo brillo. Una frase, una situación, sugieren toda una serie de ideas divertidas, que alzan el vuelo en tangente –por así decirlo– del mundo redondo sobre el cual está laborando el creador; ¡qué buena ocasión para decir algo agudo o profundo! Cierto es que el adorno parecerá una florida excrescencia sobre el conjunto de la obra; pero es igual. Ahí va la tangente, en artístico desatino. Y ahí va la frase vistosa, que lo es con exceso, demasiado viva de colorido para lo que pretende expresar; ahí van la ironía demasiado enfática, la escena demasiado trágica, el latiguillo demasiado patético, la descripción demasiado poética. Si sucumbimos a todas estas deliciosas tentaciones, si acogemos con agrado todos esos piojos relumbrantes, en vez de aplastarlos en cuanto asoman, nuestra obra brillará pronto como un *parvenu* sudamericano, deslumbrante a fuerza de adornos parasitarios, y vulgar.

Para un artista consciente de sí mismo existe un placer extraordinario en saber exactamente lo que han de ser exactamente los resultados de la ostentación y de la protesta desmedida; y entonces (a pesar de este conocimiento, o merced a ello) ponerse deliberadamente, y con toda la destreza de que puede echar mano, a cometer precisamente esas vulgaridades, contra las que le previene su conciencia y que sabe han de pasarle luego. Al placer aristocrático de desagradar a otros, puede añadir, el que conscientemente delinque contra el buen gusto, el placer, todavía mas aristocrático, de desagradarse a sí mismo.

VI

Eulalie, Ulalume, El cuervo y las campanas, El conquistador gusano y *El palacio encantado...* ¿Fue Edgar Allan Poe un gran poeta? Desde luego, no se le ocurriría afirmarlo a ningún crítico de lengua inglesa. Y sin embargo, en Francia, desde 1850 a nuestros días, los mejores poetas de cada generación –y también los mejores críticos, pues, como la mayoría de los excelentes poetas, Baudelaire, Mallarmé, Paul Valéry, son asimismo admirables críticos–

se han tomado la molestia de alabarle. Hace tan sólo un año o dos repitió M. Valéry el ya tradicional elogio francés a Poe, y añadió al mismo tiempo una protesta contra la timidez del encomio nuestro.

Nosotros, los que hablamos inglés sin ser doctos anglicistas, que nacimos en el idioma y desde la infancia estamos encurtidos en la literatura, sólo podemos decir, con todo el debido respeto, que Baudelaire, Mallarmé y Valéry están equivocados y que Poe no es uno de nuestros grandes poetas. Para el lector inglés existe una mácula de vulgaridad que echa a perder todos sus poemas, con excepción de dos o tres: los maravillosos *Ciudad sumergida* y *A Elena*, por ejemplo, cuya belleza y cristalina perfección nos permiten darnos cuenta, al leerlos, del gran artista que se malogró casi siempre que Poe escribió versos. Es a ese artista malogrado a quien los franceses ofrendan su tributo. No siendo ingleses no son capaces de apreciar esos matices más sutiles de vulgaridad que nos estropean a Poe, precisamente del mismo modo que nosotros, por no ser franceses, somos incapaces de apreciar esos matices más sutiles de belleza lírica que constituyen, para ellos, la esencia de La Fontaine.

La sustancia de Poe es refinada; es su forma la que es vulgar. Es, en cierto modo, uno de esos caballeros por naturaleza, desdichadamente afligidos con un mal gusto

35

incorregible. Hasta al hombre más delicado y de mayor elevación de alma del mundo nos sería difícil perdonarle, pongamos, por ejemplo, el llevar una sortija de diamantes en cada dedo. Poe hace algo equivalente en su poesía; notamos el solecismo y nos estremece. Los observadores extranjeros no lo advierten; sólo ven la distinción nativa en la intención poética, y no la vulgaridad en los detalles de ejecución. De ahí que les parezcamos perversa e incomprensiblemente injustos.

Precisamente cuando Poe intenta hacerla demasiado poética es cuando su poesía adquiere su matiz peculiar deplorable. Proclama en voz demasiado alta su señorío, y su opulencia por añadidura, con lo cual cae en la vulgaridad. Son las sortijas de diamantes en cada dedo que proclaman el *parvenu*.

Considérense, por ejemplo, las dos primeras estrofas de *Ulalume*:

> *The skies they were ashen and sober;*
> *   The leaves they were crisped and sere-*
> *   The leaves they were withering and sere;*
> *It was night in the lonesome October*
> *   Of my most immemorial year;*
> *It was hard by the dim lake of Auber,*
> *   In the misty mid region of Weir-*

It was down by the dank tarn of Auber
    In the ghoul-haunted woodland of Weir.

Here once, through an alley Titanic,
    Of cypress, I roamed with my soul,
    Of cypress, with Psyche my soul.
These were days when my heart was volcanic
    As the scoriac rivers that roll-
    As the lavas that restlessly roll
Their sulphurous currents down Yaanek
    In the ultimate clime of the pole-
That groan as they roll down Mount Yaanek
    In the realms of the boreal pole.

Estas líneas proclaman demasiado alto (¡y con qué variedad de voces!) que son poéticas, y por proclamarlo son vulgares. En primer término; el metro dactílico y bamboleante es sobremanera musical. La poesía debe ser musical, pero con tacto, sutil y variadamente. Una métrica cuyos ritmos, como en este caso, son fuertes, insistentes y casi invariables ofrece al poeta a modo de un atajo para llegar a la musicalidad. Le suministra (mi tema me obliga a una mezcolanza de metáforas) una música ya hecha, en serie. No tiene necesidad de crear una música cuya modulación sea apropiada a su idea; lo único que tiene que hacer es echar de cualquier modo la idea en el raudal del metro y dejar la corriente llevarla, siguiendo unas ondas que, como las de los mejores peluqueros, se garantizan permanentes.

Muchos poetas del siglo XIX emplearon esos atajos métricos para llegar a la música con resultados artísticamente fatales.

> Then when nature around me is smiling
>> The last smile which answers to mine
> I do not believe it beguiling,
>> Because it reminds me of thine.

¿Cómo tomar hasta a Byron en serio cuando proclama su musicalidad con acentos tan altos cuando y vulgares? Tan sólo la suerte o una habilidad poética casi sobrehumana pueden conseguir que tales versos, harto musicales, expresen a través de sus ritmos insistentes de organillo la música complicada y personal que encierra la idea del poeta. De vez en cuando, y por espacio de una o dos líneas, Byron quita el rígido ensortijado a esas ondas permanentes dactílicas y se nos aparece, por así decirlo, con su pelo musical natural. Y Hood, por un prodigio de técnica sin igual, convierte hasta la música hecha en serie del *Puente de los suspiros* en música personal, hecha a la medida del asunto y de su propia emoción. Moore, por lo contrario, se halla siempre perfectamente satisfecho con la ondulación permanente; y Swinburne, aquel super Moore de una generación posterior, se contentó también con ser un artífice de la onda permanente –el más diestro, quizá, que se encuentre en toda la historia de la literatura-. La complejidad de sus músicas hechas y su habilidad técnica para variar el número, la forma y el contorno de sus ondas permanentes son sencillamente asombrosas. Pero, como Poe y los demás, protestó demasiado, trató de ser demasiado poético. Por muy cuidadosamente tortuosos que sean sus atajos hacia la musicalidad, no dejan de ser atajos –y a la vez atajos (ahí está la paradoja) hacia la vulgaridad poética.

Con una cita y una parodia voy a ilustrar la diferencia entre la música hecha y la música a medida. Recuerdo (espero que la memoria no me sea infiel) un símil usado por Milton:

> *Like that fair held*
> *Of Enna, where Proserpine gathering flowers,*
> *Herself a fairer flower, by gloomy Dis*
> *Was gathered, which cost Ceres all that pain*
> *To seek her through the world.*

Si volviésemos a ordenar esos versos con arreglo a su período y construcción musical, habríamos de escribirlos del siguiente modo:

Like that fair held of Enna,
*   where Proserpine gathering flowers,*
Herself a fairer flower,
*   by gloomy Dis was gathered,*
Which cost Ceres all that pain
To seek her through the world.

El contraste entre la rapidez lírica de las cuatro primeras frases, y esa hilera de espondeos cojeantes que habla de la pena de Ceres, es conmovedor por lo apropiado. Hecha a medida, la música se ciñe al sentido como un guante.

¿Cómo hubiera escrito Poe sobre el mismo tema? Me he atrevido inventar su primera estrofa:

It was noon in the fair held of Enna,
*   When Proserpina gathering flowers-*
*   Herself the most fragrant of flowers,*
Was gathered away to Gehenna
*   By the Prince of Plutonian powers;*
Was borne down the windings of Brenner
*   To the gloom of his amorous bowers-*

Down the tortuous highway of Brenner
To the god's agapenonous bowers.

La parodia no es tan exagerada que no pueda servir para el fin crítico que aquí nos hemos propuesto; y de todos modos la música es genuinamente la que empleaba Poe. Esa onda permanente es, sin disputa, una *ondulation de chez Edgar*. El metro, sobradamente musical, es (para cambiar una vez má de metáfora) como una rica casulla, tan tiesa a fuerza de oro y pedrerías que se mantiene en pie por sí sola, sin apoyo, caparazón de sonido enjoyado en el cual el sentido, cual un pequeño mocoso de seminarista, se desliza desatinadamente y se halla perdido. ¡Esa música de Poe, cuánto menos realmente musical es que aquella que, con sus decasílabos casi neutros, labró Milton a propósito para ajustarla a la delicada belleza de Proserpina, a la fuerza y rapidez del raptor y a la pena profunda, desesperada de la madre!

Acerca de la versificación del *Cuervo*, dice Poe en su *Filosofía de la Composición*: "Mi primer objeto (como de costumbre) era la originalidad. El grado hasta el cual se ha descuidado esto en la versificación es una de las cosas más inexplicables del mundo. Admitiendo que no hay sino escasa posibilidad de lograr la variedad en cuanto al mero *ritmo*, es claro, sin embargo, que las variedades posibles en

41

cuanto a metro y estrofa son absolutamente infinitas, y, no obstante, *durante siglos, nadie, en verso, ha hecho jamás, ni parecido pensar en hacer, algo original."* Este hecho, que apenas si lo exagera Poe, dice mucho en favor del buen sentido de los poetas. Comprendiendo que casi todos los metros y estrofas llamativamente originales no eran sino atajos ilegítimos hacia una música que, una vez lograda, resultaba no ser más que un pobre y vulgar sustituto para la música individual, muy cuerdamente se atuvieron a los metros menos vocingleros, en cuanto a musicalidad, de la tradición.

El decasílabo yámbico corriente, por ejemplo, es intrínsecamente lo bastante musical para poder, cuando sea necesario, quedarse en pie por sí solo. Pero se le puede quitar con facilidad su rigidez musical. Puede ser ora una casulla, un dorado caparazón de sonido; ora, si el poeta lo desea, un material flexible, blando y, musicalmente hablando, casi neutro, en el cual puede cortar una música especial, propiamente suya, adaptable a sus ideas y sentimientos en todas sus incesantes transformaciones.

Los buenos pintores paisajistas rara vez escogen un asunto "pintoresco"; quieren pintar su propio cuadro, no quieren que les sea impuesto por la naturaza. En los rinconcitos de este mundo que más se prestan a ser pintados no se suele encontrar más que malos pintores. (Es tan fácil pintar lo que así se presta a ello.) Los buenos artistas prefieren la neutralidad menos aparatosa de nuestros condados a aquellas caletas de Cornualles y aldeas de pescadores de la Liguria, cuyo aspecto pintoresco hace las delicias de todos cuantos carecen de cuadro propio, personal, que proyectar sobre el lienzo.

Con la poesía ocurre lo mismo: los buenos poetas evitan lo que podríamos llamar, por analogía, metros "musicescos", y prefieren crear su propia música con primeras materias que se aproximen todo lo posible a lo neutral. Sólo los malos poetas, o buenos poetas extraviados, y por equivocación, van a buscar su material en lo "musicesco". "Durante siglos, nadie, en verso, ha hecho jamás, ni parecido pensar en hacer, algo original." A Poe y a los demás metristas del siglo XIX les estaba reservado hacerlo. Nuevos Procustos, torturaron y amputaron el sentido hasta que se ajustara a la música hecha de sus metros y estrofas de gran originalidad. El resultado fue, en la mayor parte de los casos, tan vulgar como una salida de sol sobre Ben Nevis (con ganado serrano), de esas que se suelen exponer en la Real Academia de Bellas Artes, o un boceto de Portofino, auténticamente pintado a mano.

¿Cómo pudo un juez tan exigente como Baudelaire escuchar la música de Poe sin darse como cuenta de su vulgaridad? Supongo que fue una feliz ignorancia de la

43

versificación inglesa lo que le evitó caer en la cuenta. Sus propias imitaciones de himnos medievales demuestran cuán lejos se hallaba de comprender siquiera los primeros principios de versificación en un idioma en que la acentuación no es uniforme como en francés, sino esencial e insistentemente desigual. En sus poemas latinos, Baudelaire hace escribir a la sombra de Bernard de Cluny como si hubiese aprendido su arte con Racine. Los principios de la versificación inglesa son muy parecidos a los del latín medieval. Si Baudelaire pudo descubrir en Bernard líneas compuestas de sílabas uniformemente acentuadas, debe de haberlas descubierto también en Poe. Interpretados con arreglo a los principios racinianos, versos como

It was down by the dank tarn of Auber
In the ghoul-haunted woodland of Weir

deben de haber adquirido para Baudelaire Dios sabe qué sutileza exótica de ritmo. No podremos nunca adivinar lo que esa "selva en que rondan vampiros" puede significar para un francés que sólo posee un conocimiento distante y teórico de nuestra lengua.

Volviendo a *Ulalume* vemos que su metro, excesivamente poético, surte el efecto de vulgarizar por contagio lo que sin ello serían recursos técnicos perfectamente inofensivos y refinados. Así, por ejemplo, hasta las aliteraciones muy moderadas en *the ghoul-haunted woodland of Weir* parecen protestar demasiado alto. Y, sin embargo, un verso yámbico que comenzara así: *Woodland of Weir, ghoul-haunted*, no adolecería, en modo alguno, de exceso poético al pronunciarse. Es tan sólo en su ambiente dactílico que esas dos "w" parecen gritar demasiado alto.

Luego hay la cuestión de los nombres propios. Empleados con tino, los nombres propios producen con toda seguridad los efectos musicales y mágicos más conmovedores. Pero usados sin discreción, el efecto mágico se evapora para caer en una jerga absurda, o se convierte en su propia parodia burlesca. La música sobremanera enfática, chilla primero hasta llegar a la vulgaridad y, finalmente, cae en lo ridículo. Poe tiende a colocar sus nombres propios en el lugar más conspicuo del verso (los emplea constantemente como rimas), fachendeando, haciendo ostentación de esas joyas mágicas y musicales como el *rastacouaire* pudiera exhibir dos esmeraldas gemelas en sus puños de camisa y un reloj de pulsera en platino con su monograma en diamantes.

Esos nombres propios, joyas de la rima, son particularmente llamativos en el caso de Poe porque son casi todos disílabos. Ahora bien: la rima disílaba en inglés es, poéticamente hablando, tan preciosa, tan conspicua por su

45

riqueza, que de no ser perfecta en sí misma y perfectamente empleada, además, estropea con énfasis lo que con énfasis estaba destinada a adornar. Por ejemplo, el sonido y la asociación de ideas hacen de *Thule* un nombre propio musical y mágico de una potencia excepcional. Pero cuando Poe escribe

I have reached these lands but newly
From an ultimate dim Thule,

echa a perder el efecto que la palabra había de producir al insistir demasiado, y de manera incompetente, en su musicalidad. Ostenta su joya tan conspicuamente como puede, pero al hacerlo no consigue sino revelar las deficiencias de su engaste y su propio exhibicionismo levantino. Porque *newly* no rima con *Thule*, o solamente rima a condición de que se pronuncie el adverbio como lo haría un indio del Bengal, o el nombre al estilo de los barrios bajos de Whitechapel. La amante del rey de Goethe rirnaba perfectamante con el nombre de su reino; y cuando Laforgue habla de aquel *roi de Thulé, Immaculé*, su *rime riche* no es en modo alguno sospechosa. Las rimas ricas de Poe, por el contrario, dejan rara vez de ser sospechosas. La asociación poética de aquel "húmedo lago de Auber" con el décimo mes del año es cuando menos dudosa; y aunque el Monte

Yaanek sea, *ex hypothesi*, un volcán, el hacerlo rimar con *volcanic* es francamente imposible. En otras ocasiones, los nombres propios que emplea Poe no sólo riman bastante bien, sino que riman sobradamente bien con su peculiar contexto. El difunto D'Elormie, en la *Balada nupcial*, está de acuerdo con las reglas de la prosodia, porque Poe trae primero a sus antepasados con el Conquistador (como también importó a los ascendientes de aquel Guy de Vere que derrama lágrimas sobre su Lenore) con el expreso objeto de suministrar una rima ricamente musical mágica a las terminaciones *bore me* y *before me*. El difunto D'Elormie es primo hermano de aquel pariente de Edward Lear, ese anciano *Uncle Arly, sitting on a heap of Barley* –¡qué ridiculez!-. Pero también (lo que no llega a ser el querido tío Arly) horriblemente vulgar, debido a la musicalidad excesiva y empalagosa de su nombre inventado y a su exhibición, hecha con trágica seriedad, de una ascendencia normanda manifiestamente falsificada. El difunto D'Elormie es un desastre poético.

VII

Es vulgar, en literatura, hacer una exhibición de emociones que uno no siente naturalmente, pero que cree conve-

47

niente sentir, porque las experimentan todas las personas de buen tono. Es también vulgar (y este es el caso más corriente) sentir realmente emociones, pero expresarlas tan mal, con tantas exclamaciones excesivas, que uno no parezca reflejar sentimientos naturales, sino estar meramente fabricando emociones por un procedimiento de falsificación literaria.

La sinceridad en el arte, según puse ya de relieve en otro lugar, es principalmente cuestión de talento. Las cartas de amor de Keats parecen sinceras porque poseía grandes dotes literarias. La mayoría de los hombres y de las mujeres es capaz de sentir pasión, pero no de expresarla; sus cartas amorosas (según podemos apreciar por los ejemplares que se leen en alta voz en la instrucción de procesos, en la vista de las causas por asesinato, en el tribunal de divorcios y en los juicios por violación de la promesa de casamiento) son o bien trivialmente insulsas o trivialmente ampulosas. En ambos casos, de una falta de sinceridad manifiesta, y en el segundo, vulgares además; porque las protestas excesivas son siempre un signo de vulgaridad, cuando son tan incompetentes que no llegan a convencer. Y tal vez no puedan nunca ser convincentes las protestas desmesuradas, por muy hábil que sea el protestatario. Véase D'Annunzio como ejemplo. Nadie sería capaz de cuidar la forma de su escritura mejor que D'Annunzio. Pero cuando –como suele ocurrir en él– es más el ruido que las nueces, nos es difícil dejarnos convencer, ya sea de la importancia de la nadería, ya de la sinceridad de la emoción que el autor finge por ella. Y ello a pesar del incomparable esplendor del "mucho ruido" que hace D'Annunzio.

Es cierto que puede haber protestas excesivas capaces de convencer a determinado público en una época determinada. Pero en cuanto cambian las circunstancias que hicieron al público sensible a la fuerza y ciego ante la vulgaridad de las protestas desmesuradas, estas dejan de convencer. *The Man of Feeling* de Mackenzie, por ejemplo, proclama la sensibilidad de su autor con una extravagancia que ahora nos parece, no ya meramente vulgar, sino positivamente cómica. En la época de su publicación la sentimentalidad estaba, por varias razones, muy en boga. Variaron las circunstancias y *The Man of Feeling* apareció tan vulgar que llegaba a la ridiculez; vulgar y ridículo se ha quedado desde entonces y sin duda se quedará para siempre.

Para tomar otro ejemplo más moderno, las circunstancias conspiraron para disfrazar la vulgaridad fundamental de aquellas protestas excesivas de filantropía humanitaria, con las cuales, durante la guerra, M. Romain Rolland llenó su folleto pacifista. En aquellos momentos parecieron (según las convicciones políticas de cada cual) o sublimes o diabólicamente perversas. Han cambiado las circunstan-

49

cias y hoy nos choca la falta de discernimiento y de inteligencia de la benevolencia universal de M. Rolland, tan ruidosamente manifestada. Cuando dijo: "Amad a vuestros enemigos"), Jesús (que era un realista) afirmó que había enemigos, a quienes se debía amar. El humanitarismo de M. Rolland va más lejos; según él, no había enemigos, nadie obraba mal, nadie merecía vituperación, como no fuera por estar peleando. Borraba toda diferenciación; todo se derretía para convertirse en aguachirle. M. Rolland nos sirvió esta deliciosa sopa sentimental, en cucharones bien llenos de una prosa enfática, sin distinción, y, por lo tanto, vulgar y carente de toda fuerza convincente. Su folleto era en extremo bienintencionado, y en aquellos momentos constituyó un acto valioso políticamente. Mas en cuanto literatura era vulgar. Vulgar, porque sus excesos sentimentales no estaban contrarrestados por excesos de inteligencia y discernimiento; vulgar, porque las ruidosas protestas de su estilo carecían en absoluto de belleza o de elegancia. *Le style c'est l'âme*, dijo una vez M. Rolland, mejorando (¡cuán característicamente!) el antiguo aforismo. El comentario de Papini fue duro: "M. Rolland no tiene estilo."

Poco después de la guerra, M. Rolland escribió una novela que era, a su modo y con mucho menos excusa, tan vulgar como su folleto antes aludido. Me refiero a aquel libro penoso y (en el sentido artístico, claro está, no en el sentido moral) profundamente "insincero", *Colas Breugnon*. Rebosa *Colas Breugnon* de ruidosas manifestaciones de jovialidad positivamente rabelesianas. *Malgré tout*, un pacifista puede ser un alegre compañero y disfrutar de su botella de Borgoña tanto como cualquier hombre. Al leerlo se acordaba uno de esas exhibiciones agudamente penosas, de jocosidad y chocarrería con que ciertos sacerdotes anglicanos tratan, con gran esfuerzo de su parte, de hacer olvidar sus cuellos que parecen collares perrunos y sus raros chalecos. "Me parece que este caballero exagera", se dice uno cuando tiene que aguantar alguna de tales manifestaciones de Cristianismo Jocoso. Pues bien: el Pacifismo Pantagrueliano es tan penoso, cuando fallan sus efectos (porque supongo que el éxito puede justificar casi todo), como el Cristianismo Jocoso. Y *Colas Breugnon* falla de la manera más lamentable. Sus estridencias líricas (tan líricas que la prosa de M. Rolland, por equivocación, volvíase de continuo alejandrinos libres) eran simplemente vulgares. Por lo menos, vulgares en mi opinión, y, que yo sepa, en la de varios lectores, cuyo parecer –acaso porque me halaga– respeto. Pero también he encontrado a otra gente a quien han convencido la prosa demasiado poética y las estridencias pacífico-pantagruelianas de *Colas Breugnon*. No advirtieron la vulgaridad y, en cambio, les conmovió sin-

51

ceramente aquello que a mí me pareció, en cuanto literatura, manifiestamente "insincero".

En casos como este no hay sino dos caminos que tomar. O bien encogerse de hombros y decir que sobre gustos no cabe razonar. O bien atreverse a razonar sobre gustos, explicándolos ora por la influencia del ambiente en circunstancias especiales, ora por una fatalidad congénita. La vulgaridad de *The Man of Feeling* pasó inadvertida para la mayor parte de sus lectores, porque, en la época de su publicación, el sentimentalismo estaba más que de costumbre en boga, debido a razones históricas especiales. Asimismo puede haber, en el ambiente y en la historia de ciertos individuos o de ciertas clases, circunstancias especiales que hagan imperceptibles determinados tipos de vulgaridad generalmente reconocida.

Pero existe una ceguera natural, así como una ceguera adquirida, en materia de vulgaridad. Los Brahmanes de la jerarquía crítica se muestran sensibles a diferencias de matiz y de tono que, entre los Sudras, pasan totalmente inadvertidas. Huelga decir que cada uno de nosotros se considera con derecho a colocarse entre los Brahmanes. Haré, naturalmente, la misma suposición por lo que a mi respecta; con la justificación, en este caso, de que un crítico no puede cumplir su misión como no dé, ante todo, por supuesto que tiene razón; más que nadie, o que unos pocos jueces específicamente recusados. Partiendo de esta suposición, tengo derecho a afirmar que todos cuantos no estén conformes conmigo (o con los que como yo piensan) respecto a la vulgaridad de una obra determinada, pertenecen a una casta inferior en la jerarquía crítica – de no ser que invoquen como excusa por las deficiencias de su juicio la presión de circunstancias externas especiales-. Aquí puedo hablar sin impertinencia de esa curiosa estolidez en la percepción, de esa falta de discernimiento que evidencian según todo crítico habrá tenido ocasión frecuente de descubrir con asombro hasta lectores en apariencia inteligentes, por no hablar de todos los demás.

Porque todos sabemos leer, nos figuramos que sabemos lo que leemos. ¡Que falacia más enorme! En realidad, me imagino que el don de discernimiento literario es tan escaso, por lo menos, como el de discernimiento musical. Admitimos alegremente la verdad cuando se trata de música. Pero si la música no fuese un lujo de la educación; si se enseñasen sus notas a cada niño, de igual forma que hoy se le enseña sus letras, y si el piano fuera, como lo son la geometría y la gramática francesa, una asignatura obligatoria en todo programa escolar, ¿qué sucedería? ¿Admitiríamos tan fácilmente nuestra falta de discernimiento musical como ahora, que la mayor parte de nosotros no ha aprendido a leer una sencilla melodía o a tocar

53

ningún instrumento? No lo creo. Al saber algo de la técnica de la música, imaginaríamos que sabemos algo (o, más probablemente, que lo sabíamos todo) acerca de su sustancia.

Por lo menos, esto es lo que parece haber sucedido en el caso de la literatura. Porque hemos pasado algunos años en adquirir el arte de leer libros, creemos haber adquirido el arte de juzgarlos. Pero, a pesar de la instrucción universal, existe todavía un gran número de personas que sienten espontáneamente inclinación por lo más bajo cuando lo leen; y otras muchas, muchísimas, a quienes gusta lo mejor, pero también, si no lo más bajo, cuando menos lo inferior y lo mediano con igual entusiasmo y tranquila ausencia de discernimiento. A un crítico dotado de sensibilidad, los juicios que formulan sobre libros personas inteligentes y de extensa cultura, parecen a menudo asombrosos por sus desatinos y su aparente perversidad. Se les oye hablar de obras totalmente dispares, como si no hubiera que escoger nada entre ellas. Ocurre que la una es refinada y la otra vulgar; la una sincera y la otra, manifiestamente, una superchería y una falsificación. Pero diferencias de tan poca monta como estas parecen pasar completamente inadvertidas. Supongo que habrá hombres incapaces de distinguir un perro de un tenedor; pero no suele uno encontrarlos, porque están casi todos recluidos en manicomios. En cambio, los hombres incapaces de distinguir entre obras de arte que, para un crítico dotado de sensibilidad, son por lo menos tan distintas como los perros y los tenedores, no corren el menor riesgo de verse recluidos por dementes. Al contrario, parecen destinados, en la mayor parte de los casos, a ser o bien los directores de nuestros mas espléndidos institutos de enseñanza, o bien presidentes del Consejo de ministros.

Volviendo a nuestro tema inicial, hasta los más grandes escritores pueden caer a veces en la más espantosa vulgaridad emotiva. Balzac y Dickens nos van a suministrar, en *Seraphita* y *La tienda de Antigüedades*, notables ejemplos de vanos tipos de esa vulgaridad.

Seraphita es la obra más importante en aquella sección de "La Comedia Humana" dedicada a la religión en general y, particularmente (pues Balzac sintió siempre interés especial por el misticismo), a la religión mística. "¿Misticismo? Lo que usted querrá decir es *misty* [nebuloso], cisma". Tal fue la observación hecha en cierta ocasión a un amigo mío (bien relacionado, como yo ¡ay! no lo estoy, en los más altos círculos eclesiásticos) por una Eminencia de las más eminentes. El juego de palabra no es malo, y además está, como los buenos chistes irlandeses, preñado de sentido. Porque la literatura del misticismo, que es una literatura en torno a lo inexpresable, es en su

55

mayor parte bastante nebulosa, en efecto. Una niebla londinense, pero de color rosa. Tan sólo en las obras de los mejores escritores místicos vemos levantarse esa niebla; y ¿para revelarnos qué? Una extraña alternancia de luz y tinieblas: luz hasta los confines de lo iluminable y luego las tinieblas de la paradoja y de la incomprensibilidad, o lo más profundo todavía, la noche absoluta del silencio. Esto por lo que se refiere a la niebla. En cuanto al cisma, tuvo siempre la tendencia a abrir sus abismos en torno a los pies de los místicos católicos. La Iglesia se ha mostrado siempre y muy naturalmente recelosa con aquellos que insisten en querer acercarse a Dios directamente, y no por los cauces eclesiásticos oficiales. Por su parte, fuertes de su conocimiento inmediato de Dios, los místicos han solido tener muy poca consideración para con los dogmas, los ritos y los sacerdotes.

El misticismo trae consigo la decadencia de la autoridad. El proceso es, cuando menos hasta cierto punto, reversible: la decadencia de la autoridad lleva al misticismo. Pues siempre que gracias al incremento del escepticismo los dogmas se han hecho increíbles y los sacerdotes han perdido su prestigio mágico, el misticismo ha salido a flote, por lo menos como teoría filosófica, si bien no necesariamente como sistema práctico de vida. La religión mística es la religión ideal para los que dudan, esos últimos cismáticos que se han separado de toda creencia. El místico, en efecto, se halla dispensado de *creer* intelectualmente en Dios; él *siente* a Dios. O, por decirlo con más exactitud, siente (según la expresión del profesor Otto) una emoción "numinosa", que está libre de racionalizar en forma de dogma teológico, o de no racionalizar, según los gustos; ya que es perfectamente posible sentir una emoción numinosa sin creer en la existencia de un *numen*, o divinidad, como causa hipotética de esa emoción.

El escepticismo contemporáneo se halla mitigado por las supersticiones corrientes –creencia en los fantasmas, preocupación por la magia y otras parecidas– y también por el interés hacia el misticismo.

En algunos casos ese interés encuentra su expresión práctica. Mas como quiera que la práctica de la religión mística entraña la práctica del ascetismo, y que el ascetismo no es popular en esta edad nuestra de la producción en serie, en que el primer deber de todo buen ciudadano consiste en consumir tanto como puede, nuestro interés por el misticismo se suele mantener en los límites de lo teórico y científico.

Es dolorosamente fácil para un escéptico, que es también un místico *amateur*, teórico y no practicante, el caer en la insinceridad artística cuando escribe acerca de la clase de ejercicios religiosos que le interesan. Es muy difícil, en cambio, escribir de forma convincente sobre cosas que no se conocen de primera mano. Hay siempre la tentación de compensar las deficiencias en el conocimiento con énfasis y redundancia en el estilo, o sea con protestas excesivas. Solamente aquellos que escriben cabalmente bien pueden esperar, en tales circunstancias, no caer en la falta de sinceridad y en la vulgaridad.

Balzac poseía casi todos los dones. Sólo le faltaban dos: el don de escribir bien y el don del misticismo (en el sentido más nebuloso y más cismático tanto como en el más definido de la palabra). Y esto fue lo peor, ya que escogió la profesión de escritor y el misticismo como tema de muchas de sus obras.

Siempre que trate asuntos sobre los cuales posee conocimientos naturales de primera mano, dejamos de advertir los defectos en la prosa de Balzac. En realidad, no puede decirse que sea defectuosa. Es tan sólo en los casos en que no sabe realmente de qué está hablando cuando los defectos de Balzac como estilista emergen y se manifiestan de un modo penoso. Porque en aquellos casos protesta demasiado, con resultados fatales.

Balzac, creo yo, hallábase más lejos del misticismo natural que casi cualquier otro gran escritor. Poseía un conocimiento intuitivo prodigioso del hombre como animal social, del hombre en sus relaciones mundanas con los demás hombres. Pero sobre el hombre en soledad, el hombre en sus relaciones con el Universo y esas misteriosas profundidades dentro de sí mismo –en una palabra, el hombre animal místico-, sabía, personalmente y de primera mano, muy poco. Recuerdo haber expresado un día esta opinión a D. H. Lawrence, quien asintió y resumió el asunto diciendo que Balzac era "un gigantesco enano". Gigantesco en su potencia para comprender y volver a crear con grafica intensidad cualquier actividad mundana que concebirse pueda, con todos los pensamientos y sentimientos que el mundo puede suscitar en una mente humana; pero enano en cuanto había de tratar artísticamente aquellas actividades internas que llenan la mente cuando un hombre está viviendo en soledad, o bien –individualidad desnuda– en relación no mundana con la individualidad desnuda de otros seres humanos. Enano, en una palabra, precisamente en aquellos terrenos en que Lawrence mismo era un gigante; y gigantesco en una esfera en la cual Lawrence, el menos mundano de los escritores, no existía, ni siquiera deseaba existir.

La religión y, en su acepción más amplia, más nebulosa, el misticismo, ocupan un lugar importante en la vida humana. Con la ambición de hacer su comedia completa, Balzac les otorgó lugar importante en su obra. Además, poseía el verdadero sentido romántico del claroscuro. Le gustaba sobremanera juntar, en pintoresco contraste, este mundo con el cielo del idealismo, ángeles con malvados Du Tillys y Nucingens, ambiciosos Rastignacs con sabios, artistas y santos desinteresados. En verdad, de no haber existido el misticismo, Balzac hubiera tenido que inventarlo, obligado por sus principios artísticos; pues esa estatua colosal de Mammon, dios de la codicia, en su panteón, requería con urgencia, como *pendant* y contrapeso, otra estatua no menos colosal del Idealismo para llenar el nicho vacante en el lado opuesto de la nave.

Desgraciadamente para la reputación de Balzac como escritor religioso, existe el misticismo, y con él un cuerpo considerable de literatura mística, buena, mala e indiferente. Existen normas en que basarse para juzgar obras como *Seraphita* y *Louis Lambert*. Y juzgando con arreglo a esas normas, el misticismo de Balzac resulta algo muy pobre y, al mismo tiempo (por ese mismo motivo), muy pretencioso. *Quelle froide plaisanterie!*, exclama su Don Juan, al querer resumir el Universo; y creo que tal era también lo que el Balzac esencial sentía, natural e intuitivamente, acerca de todo ello. Tal vez –por ser su temperamento más vehemente que el de Don Juan– encontrara la broma antes caliente que fría; mas, cualquiera que fuese su temperatura, seguía siendo una broma, enorme, mala y más bien malintencionada.

Sobre este cinismo natural, Balzac injertó, por un procedimiento y como resultado de reflexión, ideales, religión, ángeles, Swedenborg, ¿qué sé yo? Pero es significativo que siempre que escribiera sobre estas cosas, lo hiciese –como dijo Blake que Milton hablara de Dios– "encadenado" (con cadenas elásticas, ya que le permitieron dar puntapiés y gesticular de la manera más violenta); mientras siempre que escribiera sobre un tema que le permitía dar expresión a su cinismo gallardo y natural, lo hacía con facilidad y relativamente muy bien.

La moda, sin duda, tanto como la filosofía y la ambición de lograr la universalidad, influyeron en orientar a Balzac, a pesar de su temperamento, hacia el misticismo. Vivía en aquella época extraña de reacción católica en que los jóvenes de buen tono iban al Dupanloup para estudiar su catecismo, y en que –según la expresión de Joseph de Maistre– la irreligión era *canaille*. Convirtiendo en gusto tanto como en virtud una necesidad política, los contemporáneos de Balzac buscaban en la religión restaurada una fuente de excitación emotiva. Ya que no creían en serio (era difícil hacerlo a principios del siglo XIX), iban a la iglesia en busca de los estremecimientos estéticos y "numinosos" que podía procurarles. Recurriendo a la jerga moderna, diremos que les interesaba la experiencia religiosa, y no los dogmas religiosos, que usaban simplemente como medio

61

de conseguir la grata experiencia. (De igual modo que una creencia intelectual en la existencia de un Dios ora lleno de amor y ora de cólera puede convertirse en fuente de deliciosos estremecimientos alternos de confianza y de terror). Balzac "seguía la corriente", pero, como suele ocurrir, con movimiento mucho más rápido y más violento que la corriente que le arrastraba. Siendo por naturaleza un cínico y un escéptico gallardo (*plus il vit, plus il douta*) podía transformarse a veces, a fuerza de fingir, en un hombre que seguía la moda yendo a la iglesia y que se adelantaba a la moda de Swedenborg. En esto le ayudaba mucho la superstición natural a todos los escépticos (pues, para un pirrónico, todo, absolutamente todo, es posible). Además, como la mayor parte de los grandes hombres, era un poco charlatán; le gustaba enormemente impresionar a sus lectores, darles la respuesta al Enigma del Universo –como quien la sabe de buena fuente.– (Para quien hacía oficio de vender pronósticos en la carrera filosófica, Swedenborg y Boehme habían de ser evidentemente favoritos.)

Finalmente, Balzac poesía el interés del literato inteligente por las cosas científicas; ese interés completamente irresponsable del hombre que realizó labor práctica de carácter científico, y para quien, como consecuencia, la ciencia es simplemente arte de magia, como cualquiera otra, pero más respetable, siendo como es garantizada por brujos a quienes se han concedido títulos de nobleza y rosetas de la Legión de honor. Tampoco distingue mucho el literato inteligente entre los sabios. Tan sólo suele sentir preferencias por aquellos hombres de ciencia a quienes puede entender y por los especializados en asuntos que se prestan al tratamiento literario. Lo cual suele significar, en la práctica, que prefiere los malos a los buenos. En tiempos de Balzac el hombre de ciencia favorito de los literatos no era Laplace ni Faraday, sino Mesmer; exactamente como hoy los literatos suelen acudir a los Freudianos más extravagantes, antes que a Einstein o a Pavlov.

La ciencia –es decir, la ciencia del literato inteligente-, parece confirmar las doctrinas nebulosas y cismáticas del misticismo. Lo cual, para Balzac, brindaba una nueva justificación, si es que la necesitaba, para sentir, o tratar de sentir, o al menos decir que sentía, esas emociones místicas que toda la gente de buen tono, desde la duquesa *ultra* con sus *six cent mille livres* de rente hasta el santo más humilde del calendario, sentía o había sentido.

Me he detenido tanto en torno a Balzac porque su caso me parece en extremo instructivo y profundamente apropiado a nuestro tema. Se impuso la tarea de hacer revivir en la persona del novelista aquel hombre de sabiduría universal, aquel creador de todos los oficios, que fue gloria del

Renacimiento. Su ambición fue la de saberlo todo, en el mundo exterior como en el interior; de conocerlo todo y de serlo todo y todos: sí, de ser a la vez místico y mundano, idealista y cínico, contemplador y hombre de acción. El haber realizado siquiera una parte de esta inmensa e imposible ambición es señal de su potencia extraordinaria. Sus problemas son los mismos problemas con que ha de enfrentarse el novelista contemporáneo que aspira, no ya a universalidad (pues sólo un demente o superhombre consciente podría abrigar tales ambiciones hoy día), sino, más modestamente, a la inteligencia, a mantenerse al corriente de su contemporaneidad, a la conciencia de sí mismo, a la sinceridad, a la integridad artística. Y las tentaciones que acosaron a Balzac, los peligros que le amenazaron y los desastres artísticos que sufrió son precisamente las tentaciones, peligros y desastres en medio de los cuales el novelista contemporáneo debe –siente la menor ambición– hallar su camino.

En *Seraphita* vemos un ejemplo espantoso del desastre de que son víctimas aquellos escritores que sucumben a la tentación de protestar demasiado acerca de cosas que conocen demasiado poco. (Empleo el vocablo "conocer" en el sentido, en este caso, del conocimiento inmediato, de primera mano, que nace de la sensación.) Balzac poseía extensos conocimientos abstractos sobre el misticismo; su

64

crimen fue el de pretender además que poseía un conocimiento intuitivo, emotivo, desde dentro; y su desdicha la de carecer (o de haberlas perdido) de aquellas artes literarias por medio de las cuales hubiera podido convencer al lector de que su pretensión tenía fundamento. O de haberlas perdido, he dicho; pues según indiqué antes, Balzac sabía escribir, quizás no bellamente, pero bien y con vigor, sobre su amado Mundo, de igual manera que Milton sabía ser sublime sin afectación hablando de la Carne (su relato del primer matrimonio brilla con un fulgor de sensualidad casi ultraterrena) y de ese indomable Demonio, cuya propia estimación estaba fundada, como la del mismo Milton, en "lo justo y lo recto". En el momento en que Balzac había de protestar demasiado, como tenía que hacerlo tratando de cosas que no sentía de veras, perdía su facultad de escribir bien, y caía –o se elevaba– en lo altisonante.

Caracteriza a *Seraphita* una vulgaridad emotiva peculiar. En su intento de expresar las emociones místicas que no siente naturalmente, Balzac se ve forzado a incurrir en incesantes exageraciones. No solamente los personajes mismos protestan, de palabra y por sus actos, con gran exceso, sino que los símbolos con los cuales Balzac los rodea protestan sobradamente. Sería fácil ilustrar, por medio de extensas citas, lo que acabo de decir sobre *Seraphita*. Pero me faltan tiempo y espacio y me contentaré con citar esta frase, en la cual Balzac ha tenido la consideración de acumular ejemplos de casi todas las faltas que caracterizan sus obras místicas: "Y levantando el dedo, este ser singular le enseñó la aureola azul que las nubes, al dejar un claro encima de sus cabezas, habían dibujado en el cielo y en la cual podían distinguirse las estrellas en plena luz del día, en virtud de leyes atmosféricas todavía inexplicadas." En estas pocas líneas ha sucumbido Balzac a tres tentaciones distintas. En primer lugar, deseoso de impresionarnos con los méritos místicos de su *Seraphita*, la ha llamado "un ser singular". (Le adjudica muchos otros títulos honoríficos semejantes en el curso de su relato: es "única", "inexplicable", y otras cosas por el estilo.) El adjetivo proclama demasiado una cualidad que era el deber de la misma narración explicarnos, en vez del autor puesto a comentarista.

Considérese, en segundo lugar, esa aureola de cielo azul, que sigue a *Seraphita* en todos sus paseos cual si fuera un perro celestial, por encapotado que esté el cielo. Este símbolo es tan obviamente poético, tan chillón como signo de Cosas Superiores, que no logra impresionar –solamente ofende, de igual modo que las sortijas de diamantes que suelen simbolizar la opulencia levantina ofenden sin impresionar–. Las estrellas son aquí como botones de diamantes que hacen juego con esas sortijas.

Pero en aquellas leyes atmosféricas todavía inexplicadas, por virtud de las cuales dichas estrellas son visibles a la luz del día, tenemos otra vulgaridad, completamente nueva esta vez: una vulgaridad intelectual. Es Balzac el charlatán, Balzac el informador de oficio dándonos el dato seguro sobre el ganador, que es el caballo científico.

Ahora bien: cabe perfectamente hablar en una novela, en un poema o en otra obra literaria como persona bien enterada, aún de cosas como las leyes atmosféricas todavía inexplicadas, sin ser necesariamente vulgar, pero tan sólo a condición de hacerlo con tacto y de modo perfectamente pertinente. Tiene uno que ser, como dijo Jean Cocteau hablando del más universalmente enterado de los novelistas modernos, M. Paul Morand, *un nouveau riche qui sait recevoir*. M. Morand posee una manera maravillosamente ingrávida y fácil de implicar que lo ha examinado todo –absolutamente todo, desde Dios y la Teoría del Quantum hasta los barrios bajos de Bakú (los barrios bajos más del mundo; ¿no lo sabía usted?)– desde la familia Vanderbilt y todos los Hoteles Ritz, hasta la poesía inédita del Padre Hopkins. Tan sólo la rápida implicación de conocimiento, como de pasada, precisamente la palabra justa en cada caso particular, la fórmula absolutamente correcta, esotérica: eso es todo. M. Morand es el enterado literario casi perfecto; no se equivoca casi jamás, al menos en sus primeros libros. Balzac es demasiado serio en su charlatanismo, demasiado ambicioso, demasiado enérgico para ser un anfitrión intelectual con mucho tacto; pese a su enorme riqueza "no sabía recibir". Verdad es que en este caso cayó en la vulgaridad por no poder resistir a la tentación de parecer enterado en el momento más inoportuno. Ese dato seguro sobre las leyes atmosféricas lo trae de manera absurda, sin que venga a cuento, en medio de un símbolo poético –demasiado poético, según vimos– y con ello no hace sino poner más de relieve la incongruencia. La aureola azul forma parte del uniforme de ángel, tan de *rigueur* entre los querubines como los sombreros de copa en una fiesta en los jardines de palacio. Las leyes atmosféricas inexplicadas no tienen nada que ver con los ángeles. Al juntarlos con esa incongruencia, Balzac llama la atención sobre la vulgaridad de un saber que insiste en exhibirse a toda costa y en toda ocasión.

El caso de Dickens es extraño. La vulgaridad emotiva realmente monstruosa que suele cometer en algún párrafo de todos sus libros y casi continuamente en *La tienda de Antigüedades*, no es la vulgaridad emotiva de quien simula sentimientos que no tiene. Es evidente, por lo contrario, que Dickens sintió hondamente cuanto escribió acerca de su Pequeña Nell; que lloró por sus sufrimientos, que veneró piadosamente su bondad y se regocijó con sus alegrías. Tenía un corazón desbordante; pero lo sensible es que desbordara secreciones tan raras y hasta repelentes. El creador del Pickwick final, de los Hermanos Cheerykle, de Tim Linkinwater el soltero, de Mr. Garland y de tantos otros viejos y horribles Peter Pans era evidente un poco anormal en sus reacciones emotivas. Padecía un extravío indudable ese hombre capaz de hallar un placer lacrimoso y trémulo en el infantilismo adulto. Sin duda, hubiera justificado su espantoso gusto emotivo con una referencia al Nuevo Testamento. Pero las cualidades de puerilidad en el carácter que ensalzó Jesús no son ciertamente las mismas que aquellas por las que se distinguen los viejos infantiles de las novelas de Dickens. Hay una diferencia enorme entre un nene de pecho y un niño. Los nenes son estúpidos, carecen de conocimiento y son sub-humanos. Los niños son notables por su inteligencia y su ardor, por su curiosidad, por no tolerar simulaciones, por la claridad y lo despiadado de su visión. Por cuanto de él sabemos, Jesús debió de ser parecido a los niños, pero en modo alguno infantil. Un hombre que se parece a un niño no es un hombre cuyo desarrollo se halla detenido, sino, muy al contrario, uno que ha podido continuar a desarrollarse mucho tiempo después de que los demás adultos, en su mayoría, se han embozado en la costumbre y en los convencionalismos de la madurez. Un hombre infantil es uno que no se ha desarrollado, o, que ha regresado hacia la matriz materna, que vive en un cómodo limbo. Lejos de ser atractivo y digno de encomio, un hombre en estado de infantilismo es un ser lo más repulsivo, por monstruoso y deforme. Un escritor capaz de adorar lacrimosamente en esos viejos nenes, gordos o cadavéricos, cómodamente arrellanados en lo que para ellos viene a sustituir la matriz materna, chupándose el dedo entre sus dientes postizos, es porque padece algún grave trastorno en su constitución emotiva.

Una de las peculiaridades más notables de Dickens es que en cuanto al escribir le embarga la emoción, deja inmediatamente de emplear su inteligencia. El desbordamiento de su corazón ahoga su mente y hasta le nubla los ojos; pues siempre que tiende así a derretirse, Dickens pierde la facultad –y, probablemente, también el deseo– de ver la realidad. Su único deseo en tales ocasiones es solamente el de desbordarse y nada más. Y lo consigue con creces, empleando para ello un horrendo verso libre que quiere ser prosa poética y solamente logra ser la peor clase de empaque altísono. "Cuando la muerte cercena a los inocentes y jóvenes, de cada frágil forma cuyo espíritu palpitante queda libertado, surgen cien virtudes, en forma de piedad, candad y amor, que andan por el mundo para bendecirlo. De cada lágrima vertida por mortales apenados sobre tan verdes tumbas, nace algo bueno, proviene alguna dulzura. En las huellas de la Destructora brotan brillantes creaciones que desafían su poder, y su fúnebre camino se convierte en una vía luminosa que va hasta el Cielo." Y así continúa en flujo incesante.

Ahogado mentalmente y cegado por los pegajosos desbordamientos de su corazón, Dickens era incapaz, cuado se hallaba conmovido, de volver a crear, en términos de arte, la realidad que le conmoviera; hasta parecía incapaz de percibir esa realidad. Los sufrimientos y la muerte de la pequeña Nelly le acongojaban de igual manera que, en la vida real, acongojarían a cualquier hombre normalmente constituido; porque los sufrimientos y la muerte de los niños suscitan el problema del mal en su forma más incontrovertible. La misión de Dickens como escritor consistí en volver a crear en los términos de su arte esa realidad angustiosa. En ella fracasó. La historia de la pequeña Nelly es penosa en efecto, pero no por los motivos ni en la forma que quiso Dickens; es penosa por su ineptitud y su sentimentalismo vulgar.

Un niño también, Ilusha, sufre y muere en *Los hermanos Karamazov*, de Dostoievsky. ¿Por qué es tan angustiosamente conmovedor ese relato cuando el cuento de la pequeña Nelly nos deja, no ya fríos, sino que nos mueve a burla? Si comparamos ambos relatos, echamos de ver al

71

instante la riqueza incomparablemente mayor en cuanto a los pormenores de la acción que existe en la creación de Dostoievsky. El sentimiento no le impidió ver y anotar, o, mejor dicho, volver a crear. Vio, sin perder detalle, cuanto ocurría en torno al lecho mortuorio de Ilusha. Dickens, cegado por la emoción, no observó casi nada de lo que sucedía alrededor de la pequeña Nelly durante los últimos días de la niña. Casi nos obliga a creer que no quiso ver nada. No quería darse cuenta él mismo ni quería que sus lectores se diesen cuenta de nada, salvo los sufrimientos de Nelly, por un lado, y de su bondad e inocencia por el otro. Pero la bondad y la inocencia y lo inmerecido del dolor, y aún, hasta cierto punto, el sufrimiento mismo, sólo significan algo en relación con las realidades de la vida humana. Aislados, cesan de tener otro sentido que el de su misma existencia. Hasta los escritores clásicos rodearon sus personajes abstractos y algebraicos siquiera con la implicación abstracta y algebraica de realidades humanas, en relación con las cuales cobran significado los vicios y las virtudes. Merced a la ignorancia, patológicamente deliberada, de Dickens, las virtudes de Nelly se hallan abandonadas, como en isla desierta, en medio de una inmensidad de irrealidades, y estando aisladas se marchitan y desaparecen. Hasta sus sufrimientos y su muerte carecen de sentido debido a ese aislamiento. La ignorancia voluntaria, el no querer enterarse de Dickens, fue la muerte de la muerte misma. Con arreglo a la ética del budismo, la ignorancia es uno de los pecados capitales. El estúpido es un malvado. (De paso, advirtamos que el hombre más listo puede, a veces y en ciertas circunstancias, revelarse como profundamente –criminalmente– estúpido. Se puede ser un agudo dialéctico y al mismo tiempo un cretino en cuanto a emociones.) Condenados en el reino de la conducta, los ignorantes, los que no se enteran, están también condenados estéticamente. Su arte es malo; en vez de crear, asesinan.

El arte, según ya dije antes, es también filosofía, es también ciencia. Siendo iguales en otras cosas, la obra de arte que a su modo "diga" más acerca del universo será mejor que la obra de arte que diga menos. (Las "otras cosas" en que han de ser iguales son las formas de belleza, en cuyos términos tiene que expresar el artista sus verdades filosóficas y científicas.) ¿Por qué es *El rosario* una novela menos admirable que *Los Hermanos Karamazov*? Porque la cantidad de experiencia de toda índole comprendida, "sentida por dentro", como dirían los alemanes, y vuelta a crear artísticamente por Mrs. Barclay es pequeña en comparación con la que Dostoiewsky sintió y comprendió, y supo de modo tan cabal volver a crear en términos del arte de novelar. Dostoievsky recorre todo el terreno descrito por

73

Mrs. Barclay y otra vasta extensión además. Los episodios patéticos en *La Tienda de Antigüedades* son tan pobres, en cuanto a experiencia comprendida y artísticamente creada de nuevo, como *El rosario*. Hasta creo que son todavía más pobres. Al mismo tiempo son vulgares (y vulgar no lo es *El rosario*, esa genuina obra maestra del cuarto de criadas). Son vulgares, porque su pobreza es una pobreza presuntuosa, porque su enfermedad (ya que el sentimentalismo de Dickens es francamente patológico) pretende gozar de la más radiante salud, porque proclaman su falta de inteligencia y de comprensión con una vehemencia de floridas expresiones que no es solamente ofensiva, sino ridícula.

Traducción de Ogier Preteceille
publicada en los números 93 y 94 de
la *Revista de Occidente*, Madrid 1931

Archivos

Ivan Turguenev:
Hamlet y Don Quijote

Émile Zola:
Gustave Flaubert

Marcel Proust:
El caso Lemoine

Wilhelm Dilthey:
Satanás en la poesía cristiana

Ramón Gómez de la Serna:
Oscar Wilde: un retrato

Ramón Gómez de la Serna:
Gérard de Nerval, una vida

Stefan Zweig:
Marceline Desbordes-Valmores

Manuel Azaña:
Cervantes y la invención del Quijote

Ralph Waldo Emerson:
Shakespeare y Goethe

Boccaccio:
Dante Alighieri: su vida y sus obras

Victor Hugo:
William Shakespeare

Mark Twain:
¿Ha muerto Shakespeare?

André Gide:
Oscar Wilde: in memoriam